MEMOIRE A CONSULTER,

POUR LOUIS VITET, Ecuyer, Docteur Médecin, aggrégé au College de Médecine de Lyon.

IL ne s'est jamais élevé parmi les Médecins de dispute plus digne d'attirer l'attention des Savants, que le procès qui vient de m'être intenté par l'*Illustre* (a) College des Médecins de Lyon : rempli d'ardeur pour le bien public, toujours prêt à venger son intérêt lorsqu'il le soupçonne offensé, il a cru qu'il étoit de sa dignité & de sa sagesse de me poursuivre en Justice, pour avoir eu

---

(a) Il est probable que les Collégiés ne peuvent avoir pris illégitimement & illégalement le titre d'*Illustre*, consigné dans l'ouvrage intitulé *Pharmacopœa Lugdunensis reformata mandato & curâ inclyti collegii Medicorum Lugdunensium. Vol. in-4°. Lugduni Gallorum.* 1674.

A

la témérité de donner à un de mes ouvrages le titre de *Pharmacopée de Lyon*. Qu'il est affligeant pour une ame sensible, d'avoir blessé des confreres qui me témoignant tous les jours l'amitié la plus sincere, ont pénétré mon cœur de la reconnoissance la plus vive ! Encourir l'indignation d'un corps aussi respectable, c'est s'exposer à un péril bien éminent. Mais faut-il donc, pour mériter leur bienveillance, que je sacrifie un titre absolument essentiel à mon ouvrage ? S'ils daignent jetter un regard favorable sur le passé ; s'ils étudient la *Pharmacopée de Lyon* avec tout le discernement & l'impartialité dont ils sont capables ; s'ils veulent apprendre à la distinguer des *Pharmacopées générales*, j'espere qu'ils regretteront peut-être de m'avoir suscité un procès absolument étranger à mes occupations journalieres, & contraire à ma façon de penser.

Il y a environ 14 ans que le College des Médecins de Lyon prit la sage résolution de réformer sa *Pharmacopée* ; il nomma plusieurs membres pour la rédiger : les plus zélés pour ce grand ouvrage furent mes confreres Rast, Brac & Villermos. Cinq ans se passerent à faire des formules, à les traduire en latin, à les entasser les unes sur les autres, à les ranger suivant l'ordre alphabétique, à faire des épreuves chez un Apothicaire, (*b*) à implorer le secours de

---

(*b*) Comme le tartre émétique dans une marmite de fer.

M. Venel, célebre Profeſſeur de l'Univerſité de Montpellier, à ruminer les formules, & à laiſſer un aſſez long eſpace de temps pour les bien digérer. *L'Illuſtre* College aſſemblé *légitimement & légalement*, peu ſatisfait du travail de mes doctes confreres, m'engagea par une délibération à entreprendre ce pénible ouvrage. J'abandonnai à mon confrere Raſt la *Pharmacopée* de *l'Illuſtre College* : indigné d'un ſi mauvais traitement, il l'enſevelit avec tous les honneurs, dans un cercueil incapable de l'altérer.

Réduit à la triſte néceſſité de ne pouvoir profiter d'un ouvrage qui avoit coûté tant de ſueurs & d'efforts de génie, je pris pour guide l'expérience & l'obſervation ; j'étudiai avec ſoin les ſubſtances dont le Praticien avoit cru juſqu'à préſent retirer les plus grands avantages ; je tâchai de découvrir dans quels endroits des environs de Lyon croiſſoient les diverſes eſpeces de plantes uſuelles, & quel étoit le temps de leur floraiſon ; je m'attachai à diſcerner leur ſaveur & leur odeur : aidé de l'obſervation, je ſuis peut-être parvenu à établir quel degré de confiance on devoit donner aux vertus des médicaments. J'ai été attentif à reconnoître leurs effets & leurs vertus dans les différentes eſpeces de maladies : j'ai cru fixer la meilleure maniere de les préparer, & leur doſe relativement à l'âge, au tempérament du ſujet, & au climat de Lyon.

A peine cet ouvrage a-t-il été exécuté en françois, que je l'ai regardé comme indigne d'être présenté à l'*Illuftre College des Médecins* : j'aurois paffé pour vouloir inftruire mes Maîtres. Je parlois une langue étrangere à l'*Illuftre College*; le public n'auroit point reconnu la touche mâle des Profeffeurs aggrégés ; la confiance des citoyens envers ce Corps vénérable par fes membres antiques en auroit confidérablement fouffert.

Convaincu de ces grandes vérités, je fis imprimer mon manufcrit chez les freres Periffe, toujours avec le véritable deffein de remplir l'engagement que j'avois contracté vis-à-vis le College, & qui fe réduifoit à compofer pour lui une *Pharmacopée en latin*.

La *Pharmacopée* de Lyon étoit déjà en vente à Paris, à Strasbourg, & autres principales villes du royaume, lorfque mon confrere Magneval, digne Syndic du College, vint me trouver *en qualité d'ami* pour me demander la *Pharmacopée* de Lyon. A la premiere infpection il fut furpris de l'étendue du travail, & me pria de lui en prêter un exemplaire. Comme je ne parus pas accéder à fes defirs, il redoubla d'inftance, en me promettant fur fa parole qu'il ne la remettroit point au College, & qu'il me la renverroit au bout de quinze jours. Séduit par fes promeffes, je me rends, & il emporte fous fon bras un exemplaire de la

Pharmacopée broché, fans titre, fans table, fans privilege, parce que je n'avois que cet exemplaire & celui dont je me fers habituellement.

Il eft à peine forti de chez moi, que l'amour de l'*Illuftre* College, joint à l'impétuofité de fon imagination, & au peu d'habitude qu'il a de cultiver fa mémoire, lui fait oublier fes engagements; il remet l'ouvrage à mon confrere Brac, fecond Syndic, nommé, avec mon confrere Villermos, Commiffaire pour la *Pharmacopée* latine du College des Médecins de Lyon.

Le quatorzieme jour le College *légitimement & légalement affemblé*, la *Pharmacopée* de Lyon eft mife fur le bureau : mes confreres Brac & Villermos déclarent l'ouvrage mauvais, quoiqu'ils n'euffent divifé que les feuillets où fe trouvent les maladies de l'efprit. Nonobftant ce jugement, dicté par l'exceffive pénétration de l'efprit de mes confreres, le College des Médecins paffe une délibération où il m'engage à leur donner une *Pharmacopée* en latin en forme de *godex* : copie de la délibération m'eft remife de la part de mes confreres Magneval & Brac, fans être cachetée, écrite fur un vieux chiffon, dégoûtant rebut de leurs archives : le Bedeau de l'*Illuftre* College me remit le même jour copie de la délibération & la *Pharmacopée* de Lyon : depuis ce temps, il s'eft tenu plufieurs affemblées *légales & légitimes*; on a dreffé contre moi des délibérations qu'on ne m'a jamais communiquées, quoique M. Chol, Doyen en fecond, ait dit très-intelligiblement dans la derniere, que des traîtres me font part de ce qui s'y machine contre moi : mais je peux attefter à mon confrere Chol, que s'il fait l'honneur à fon *Illuftre Corps* d'y fuppofer des traîtres, ce n'eft point par rapport à moi qu'ils fe font montrés tels. Qu'il fonde le fond de fon cœur compatiffant, il ne fe perfuadera jamais qu'on puiffe être affez méchant, affez fourbe & affez vindicatif pour fe trahir mutuellement dans des affemblées qui ne refpirent que l'honneur, le favoir, la droiture, l'union, la juftice & la paix.

Dans le cours de ces démêlés, la *Pharmacopée* de Lyon eft mife en vente chez les freres Periffe; auffi-tôt mes confreres Magneval & Brac, d'après l'ordre *légal & légitime* de mon confrere Chol, convoquent une affemblée *très-extraordinaire* : on s'efforce d'y découvrir le moyen le plus fûr d'exterminer la *Pharmacopée* de Lyon ; après maint débats, projets innombrables, réflexions nouvelles & hardies, mes confreres enfantent le noble deffein de l'anéantir en l'attaquant par fon titre ; d'une voix unanime, l'avis paroît heureufement imaginé ; tous s'écrient avec tranfport : *Il eft perdu.* Il nous refte encore un moyen de hâter fa ruine, dit mon confrere Brac; (c) enga-

____

(c) Uni avec mon confrere Raft & mon

geons notre confrere Raft à donner au College l'antique *Pharmacopée*, (d) qu'une précipitation aveugle a malheureusement ensevelie. Cet ouvrage est trop fini, pour que le public impartial ne le considere pas comme un chef-d'œuvre de l'art pharmaceutique.

Tout le monde applaudit, & mes confreres Magneval & Brac sont autorisés par une délibération à m'intenter un procès sur le titre de *Pharmacopée de Lyon*, à faire dilacérer l'ouvrage par la voie des feuilles périodiques, des journaux & des gazettes. Le premier coup qu'ils m'ont porté est consigné dans la feuille hebdomadaire de Lyon : » Il paroît un ouvrage intitulé *Pharmacopée* de Lyon, par M. Vitet. » Le college des Médecins de Lyon annonce » qu'il a seul le droit de donner à un » ouvrage le titre de *Pharmacopée* de Lyon, » & que ce titre a été *illégalement & illé-*

---

confrere Villermos par les nœuds de l'amitié la plus sincere, dirigé par le premier, & directeur du second.

(d) L'Assemblée suivante mon confrere Raft fit remettre au College un cercueil d'un bois odoriférant, où se trouvoit la *Pharmacopée* de *l'Illustre College*. On ouvrit le cercueil, on reconnut la *Pharmacopée*, on recherche les premiers instants de sa naissance ; on découvrit qu'elle avoit quatorze ans. Alors d'une voix unanime elle fut condamnée à être précieusement renfermée jusqu'à ce qu'elle fût déclarée majeure.

(8)

» *giitmement* donné à l'ouvrage publié par
» M. Vitet «

Surpris de voir les Syndics s'arroger le
pouvoir de juger & faire tenir un tel lan-
gage à leurs confreres, (*e*) je consultai les
réglements de l'*Illustre* College. Quel fut
mon étonnement, lorsque je n'apperçus
aucun vestige du mot *Pharmacopée* , soit en

(e) Mes confreres Magneval & Brac vien-
nent encore de prouver, au sujet des eaux de la
Boisse , qu'ils ne craignent point de compro-
mettre l'honneur de l'*Illustre* College , en
affirmant au nom de ce corps respectable dans
le Courrier d'Avignon , n°. 47. 1778, "que les
» eaux de la Boisse présentées par le Sr. Fleuri,
» Médecin de Chambery, ne contiennent d'après
» l'analyse aucunes particules ferrugineuses
» ni minérales , & n'ont produit qu'une très-
» petite quantité de terre absorbante : d'après
» cette analyse, le College est intimement
» persuadé que lesdites eaux n'ont que les
» qualités d'une eau pure & simple , & qu'un
» Médecin *honnête* ne doit leur attribuer au-
» cune vertu médecinale & particuliere. »
Mes confreres Magneval & Brac en ont
imposé par excès de zele ; il est faux que le
College ait nommé des Commissaires pour
faire l'analyse des eaux de la Boisse ; il est
faux que les eaux de la Boisse ne contiennent
aucunes particules minérales ; il est faux que
lesdites eaux n'aient que les qualités d'une
eau pure & simple ; & il est certain qu'un Médecin peut les administrer sans pécher contre
l'honneur & la probité.

françois, soit en latin ! Alors je me dis à moi-même : Mes confreres Magneval & Brac ont donc l'imagination bien féconde, pour supposer que le College a seul le droit *légitime & légal* de donner en latin ou en françois une *Pharmacopée* de Lyon ! Ignorent-ils ce qu'on doit entendre par *Pharmacopée*, & la différence qui doit exister entre la *Pharmacopée* de Lyon faite par leur confrere Vitet, & la *Pharmacopée* de l'*Illustre* College des Médecins de Lyon, composée par l'ordre très-exprès du College, & dirigée par les Collégiés ?

Dans tous les siecles où, *pour le bonheur du genre humain*, les Médecins ont eu le droit *légal*, *légitime & exclusif*, de diriger la santé publique, on a entendu par *Pharmacopée* un ouvrage contenant l'histoire, les vertus fausses ou vraies, & la préparation bonne ou mauvaise des substances nécessaires au Médecin pour tendre à guérir ou soulager les malades.

Ce n'est donc pas un code de loix arrêté par les Médecins sur les remedes, & la maniere de les préparer ; ce n'est donc pas un livre qui défend à tout particulier, sous des peines graves, de s'instruire ou d'instruire au-delà de ce qui est écrit. Les expériences, les observations de tous les Médecins peuvent donc tendre à perfectionner la *Pharmacopée*, & les mettre à même d'en composer de nouvelles qui ne conviennent pas indifféremment à tous les pays, mais qui foient propres au climat, au terroir, au tempérament de leurs malades, & aux efpeces de maladies qui ont coutume de régner dans chaque contrée.

Le feul defir d'être utile à mes conci-toyens m'a fait entreprendre la *Pharmacopée* de Lyon ; mes confreres Magneval & Brac, fans avoir recours *à l'envie qu'ils ont de me donner de la réputation*, feront toujours for-cés de le publier : lorfqu'ils daigneront lire & étudier la *Pharmacopée* de Lyon, ils verront que je ne décris aucune efpece de *plantes*, fans expofer le temps où elles fleuriffent dans le Lyonnois, l'endroit du Lyonnois où elles croiffent en plus grande abondance ; ils verront les *minéraux* qui font attachés au Lyonnois, & dont la Médecine peut tirer plus ou moins d'avantages ; ils verront les *animaux* qui habitent le Lyon-nois, le lieu où ils fe retirent, & s'ils peuvent être utiles en Médecine ; ils ver-ront les vertus propres aux efpeces de maladies qui attaquent plus fouvent les Lyonnois que les Habitants des autres Villes ; ils verront la dofe de médicaments relative au climat de Lyon & au tempé-rament des Lyonnois ; ils verront que l'eau qui fert de bafe au plus grand nom-bre des préparations pharmaceutiques eft toujours celle du Rhône : . . . mais, animés de l'efprit de l'*Illuftre* College, ils ne ver-ront que le titre de *Pharmacopée de Lyon*, fans ofer s'engager à attaquer le fond de l'ouvrage , qui n'a rien de commun avec les anciennes *Pharmacopées de l'illustre College des Médecins de Lyon*, & qui ne peut avoir aucune reffemblance avec la *Pharmacopée* que ce corps *Illuftre* fe propofe de faire exécuter d'après les avis & les leçons des Médecins étrangers. L'*Illuftre* College ne veut que des formules en *latin* , difpofées par ordre alphabétique , & écrites de maniere que les feuls Apothicaires puiffent les apprécier : l'*Illuftre* College prétend que fa *Pharmacopée* conviendra *à tous les habitants du monde* : l'*Illuftre* College or-donnera aux Apothicaires de fe conformer fous les peines les plus graves à fa *Pharma-copée* ; auffi l'*Illuftre* College, pour mettre le public dans le cas de ne pas ignorer qu'il a compofé *une Pharmacopée* , fera entrer dans le titre, comme dans fon antique *Phar-macopée* de Lyon, *par l'ordre & par les foins de l'Illuftre College de Lyon.*

Pharmacopea Lugdunenfis , reformata man-dato & cura inclyti collegii Medicorum Lug-dunenfium.

Il eft donc effentiel de diftinguer la *Pharmacopée de Lyon* de celle de *l'illuftre College*, en ce que la premiere regarde uniquement Lyon , & la feconde embraf-fera tout l'univers : l'une doit être claire , intelligible & à la portée de tout le monde ; l'autre ne fera comprife que par les efprits d'un ordre fupérieur : celle-là ne portera aucune empreinte de *l'illuftre College*, puifque, pour éviter le moindre soupçon, j'ai retranché avec regret le titre honorable d'*aggrégé à l'illuftre Collège des Médecins de Lyon*; celle-ci au contraire, ainsi que fes dévancieres, imprimera aux yeux de tout l'univers le caractere effentiel de *l'illuftre Collège de Lyon*: la *Pharmacopée de Lyon* fera connoître aux Naturaliftes & aux Médecins étrangers les plantes ufuelles qui croiffent aux environs de Lyon, le temps où elles fleuriffent dans ce climat; la *Pharmacopée du Collège de Lyon* contiendra le nom des plantes ufuelles en général, & ne fera ainfi compofée que pour les favants du premier mérite: la *Pharmacopée de Lyon* établit les vertus, la dofe, l'adminiftration, & la préparation de tous les médicaments, relativement au climat de Lyon & au tempérament des Lyonnois: la *Pharmacopée de l'illuftre Collège des Médecins* gardera un profond filence fur tous ces objets, dans la crainte que les profanes n'abufent des fecrets de l'art de guérir.

Tant de moyens n'ont pu échapper aux yeux pénétrants de mes confreres Magneval, Brac, & particuliérement aux yeux très-clair-voyants de mon confrere Chol; il faut donc que des motifs particuliers les obligent à perfifter avec autant de force que de courage dans leurs premieres idées.

Seroit-ce l'ufage qu'ils veulent implorer, au lieu des arrêts qu'ils n'ont pas encore obtenus? L'ufage de faire le mal, avec la meilleure

meilleure intention de faire le bien, ne fut
jamais admis pour loi. Depuis deux ou trois
siecles environ, l'*Illustre* College des Médecins de Lyon est en usage de multiplier les
purgatifs dans le plus grand nombre des
maladies ; il seroit donc en droit d'intenter
un procès à celui qui, d'après l'observation
regardera les purgatifs comme nuisibles, &
qui dans un livre intitulé *Medecine pratique
de Lyon* démontrera combien cette méthode
rend fâcheuses & souvent mortelles la plû-
part des especes de maladies où les savants
Collégiés les emploient avec tant de sécu-
rité : cependant mes illustres confreres n'ont
jamais tenté de donner la *Médecine pratique
de Lyon*, mais ils pratiquent la Médecine à
Lyon ; & sans le commandement très-exprès
du College *légalement & légitimement assem-
blé*, l'auteur de l'ouvrage ne pourra pren-
dre ce titre, parce qu'il est contre l'usage,
parce que le College a seul le droit de ré-
véler ses secrets, parce que les Collégiés,
principalement mes confreres Chol, Magneval & Brac, Médecins des Hôpitaux,
seroient forcés de changer leur pratique, &
de la rendre moins incertaine ! ce n'est pas
que je ne sois intimément persuadé qu'ils pos-
sedent au plus haut degré toutes les parties
essentielles de la Médecine ; qui oseroit
refuser à mes confreres Chol, Magneval
& Brac de vastes connoissances *en Chimie*,
en Anatomie & en Botanique ?

Le College des Médecins soupçonneroit-

il que le titre de *Pharmacopée* de Lyon en-
gageât les Lyonnois instruits à étudier cet
ouvrage ? ces soupçons se sont réalisés. Heu-
reusement pour les Lyonnois, on ne leur en
imposera plus sur l'espece des remedes, sur
leurs vertus & sur la meilleure maniere de les
préparer. Les Médecins eux-mêmes doi-
vent se féliciter de ce changement inatten-
du ; plus ils seront instruits, plus leur savoir brillera, & plus ils reconnoîtront qu'il
étoit essentiel de ne pas attaquer le titre de
la *Pharmacopée de Lyon*, puisqu'il n'est tiré
que du fond même de l'ouvrage.

Le College des Médecins prétendroit-il
que ce titre de *Pharmacopée de Lyon* peut
donner lieu aux Chirurgiens de s'instruire
en Chimie & en Pharmacie ? Ses craintes
sont sans fondement ; depuis long-tems le
College de Chirurgie peut se glorifier de
posséder des membres aussi instruits en Chimie & en Pharmacie qu'en Anatomie : heu-
reuse concurrence, qui fera toujours le bien
de ces deux états, pourvu qu'elle n'ait pour
base que le savoir !

Le College des Médecins craint-il qu'on
ne confonde la *Pharmacopée de Lyon* avec
celle qu'il prépare depuis tant d'années ?
Dans la *Pharmacopée* de Lyon je me suis
bien gardé de mettre le nom de l'*Illustre College*, ni de parler de ses ouvrages ; je n'aurai
jamais la témérité d'en dire un seul mot :
au contraire, dans la *Pharmacopée* de l'Illustre Collège on lira en grands caracteres le

nom de l'*Illuftre Collège* & de tous les Collégiés, avec leur commandement & leur approbation.

Le Collège des Médecins de Lyon s'imagineroit-il que tout fon honneur réfide dans le titre de *Pharmacopée de Lyon* ? Je confeffe hautement que je n'ai jamais prétendu ravir à l'*Illuftre* Collège fon honneur : qu'il me donne un titre qui réponde parfaitement à la nature de l'ouvrage ; que ce titre foit incapable de féduire le public ; qu'il foit approuvé par des hommes reconnus pour inftruits ; j'abandonne le titre de *Pharmacopée de Lyon*, & rends l'honneur à l'*Illuftre* Collège.

Le Collège des Médecins de Lyon fe feroit-il affuré du danger de la *Pharmacopée de Lyon* par les fautes innombrables qu'elle feroit commettre aux Apothicaires ? Si elle renferme des erreurs dangereufes, qu'on les faffe connoître au public ; mais le Collège ne doit pas appréhender qu'elle en faffe commettre aux Apothicaires, puifqu'elle n'eft pas compofée par l'*Illuftre Collège*, que le Collège ne l'a pu faire fignifier juridiquement aux Apothicaires, pour décorer leurs boutiques des médicaments & des préparations qu'elle renferme.

Le Collège des Médecins de Lyon croiroit-il que le titre de *Pharmacopée de Lyon* eft pernicieux à la fociété, parce qu'elle n'eft pas écrite en *latin*, parce que les formules ne font pas recouvertes du voile impénétrable de l'Alchimie, parce qu'elle contient les vertus, la préparation & la dose de chaque médicament, parce que l'auteur a retranché toutes les vertus qui ne font pas adoptées par l'observation, parce qu'il a fait des préliminaires où fe trouvent des vérités qui fatiguent autant les Médecins peu inftruits que les Apothicaires privés des connoiffances de leur état? C'eft ici que le vrai favant, ami des hommes, me défend de répondre.

Enfin, quel eft donc le motif qui a déterminé l'*illuftre* College des Médecins de Lyon à m'intenter un procès fi fingulier?

Eft-ce jaloufie?
Eft-ce rivalité?
Eft-ce intérêt?
Eft-ce vengeance? L'ingratitude feroit-elle donc la récompenfe des fervices qu'on 'eft efforcé de lui rendre?

Que l'*illuftre* College des Médecins ne s'en prenne qu'à lui-même, s'il m'a contraint de retracer avec fidélité la maniere dont il s'eft comporté à mon égard : tant de jugement, de prudence & de fageffe de la part d'un corps auffi refpectable, ne pouvoient que me forcer à recourir à des Confeils, pour favoir fi le titre de *Pharmacopée de Lyon* n'eft pas effentiel à mon ouvrage, fi l'*illuftre* College des Médecins de Lyon *a le droit légal & légitime de le faire biffer*, & fi ce n'eft pas tromper évidemment

le public que de lui préfenter un titre
qui ne répond pas au fond de l'ouvrage.

Signé , VITET.

LE Conseil fouffigné, qui a pris lecture
du Mémoire à confulter, préfenté par le
fieur Vitet, fur les queftions propofées, eft
d'avis, 1°. qu'il n'eft pas befoin d'être Ju-
rifconfulte pour décider que le titre de
Pharmacopée de Lyon convient effentielle-
ment à un ouvrage qui décrit les minéraux,
les végétaux & les animaux propres à la
Médecine dans les environs de Lyon, & les
différentes manieres les plus communes de
préparer les remedes fuivant la nature des
maladies les plus communes dans cette
Ville; 2°. que le College n'eft pas en droit de
fe plaindre de ce titre, qui ne le compro-
met ni directement, ni indirectement :
dès que le fieur Vitet n'a pas annoncé que
l'ouvrage étoit celui du College, dès qu'il
n'a pas même parlé de l'invitation que lui
avoit fait le College de rédiger une *Pharmacopée*, dès qu'il s'eft même abftenu de pren-
dre le titre d'aggrégé au college de Lyon, ce
corps ne paroît pas fondé à fe plaindre, avec
d'autant plus de raifon que dans fes réglements on ne trouve aucun article qui lui
donne le droit qu'il veut s'arroger : d'ail-
leurs, c'eft pour la premiere fois qu'on a
vu attaquer le titre d'un livre, lorfqu'il n'a

rien de contraire à l'ordre public, & qu'il
n'offense perſonne en particulier.

Délibéré à Lyon, le 10 Août 1778.
Signé, D'ACIER.